www.entdecke.de

Entdecke die Waschbären
Berit und Frank-Uwe Michler

Titelbild: Waschbären muss man einfach lieben!
Rückseite: Die Bärchen sehen wirklich putzig aus ...

Seite 1: Schon Jungtiere können prima klettern
Seite 2/3: Der Waschbär ist längst auch in Mitteleuropa zu Hause

4., aktualisierte Auflage 2026

ISBN: 978-3-86659-392-3

An der Kleimannbrücke 39/41
48157 Münster
Tel.: 0251-13339-0
Fax: 0251-13339-33
E-Mail: verlag@ms-verlag.de
Home: www.ms-verlag.de
Geschäftsführung: Matthias Schmidt
Layout: Ann-Christine Ottenjann
Lektorat und Bildredaktion: Kriton Kunz
Druck: Drusala, Dobrá

Titelbild: I. Bartussek /Arco Images GmbH
Rückseite: Eric Isselée/Shutterstock
Vorsatz: olga_gl/Shutterstock

Shutterstock:
Seite 14: unten: Rosa Jay
Seite 15: unten: Eric Isselée
Seite 17: Eric Isselée
Seite 20: unten: Rosa Jay
Seite 22: oben: David Spates
Seite 35: Libellenlarve: Nicolas Primola
Seite 35: Schnecke: Romjan
Seite 35: Larve: Hennadii H
Seite 35: Wurm: Hennadii H
Seite 35: Früchte: mything
Seite 35: Nüsse: Wanwisspaul
Seite 35: Frosch: Dreamcreation
Seite 60: dangdumrong

Thinkstock Images International:
Seite 13: Mitte: Pingebat
Seite 13: unten: GlobalP
Seite 20: oben: Sonsedska
Seite 20: Mitte: Kaphoto
Seite 34: unten: Michael Blann
Seite 56+57: phokin

Arco Images GmbH:
Seite 7: unten links: imageBROKER/ Ronald Wittek
Seite 14: oben: Minden Pictures/ Kevin Schafer
Seite 15: oben: Minden Pictures/ Pete Oxford
Seite 16: Minden Pictures/ Tui De Roy
Seite 18: oben: imageBROKER/ Rolf Nussbaumer
Seite 39: Minden Pictures/ Suzi Eszterhas
Seite 41: NPL/ Bertie Gregory
Seite 59: Minden Pictures/ Suzi Eszterhas

mauritius images GmbH:
Seite 28: Michele and Tom Grimm/ Alamy

Ingo Bartussek: S. 6/7, 8, 9, 12, 18 (links), 23 (unten), 24, 25, 26, 27 (beide), 30/31, 32 (beide), 34 (alle), 35 (beide), 37, 38 (alle), 40, 42, 43, 44 (oben links und unten), 52, 53 (beide), 58
Roman Vitt: S. 1, 2, 4/5, 7 (unten), 10/11, 33 (oben), 36 (oben), 49 (beide oben), 50/51, 54/55, 61, 62, 64
Christoph Haag: S. 18
Autoren: S. 4, 18 (unten rechts), S. 19, 21, 22 (unten), 23 (oben), 29, 33 (unten beide), 36 (unten), 44 (oben rechts), 46/47, 48, 49 (unten), 56, Rückseite

Inhaltsverzeichnis

Willkommen in der heimlichen Welt der Waschbären!

Im Scheinwerferlicht des Autos huscht eine merkwürdige, kleine Gestalt über die Straße. Sie sieht etwas aus wie eine Katze, gräulich und mit Ringeln am Schwanz, aber größer und irgendwie auch „bärig“. Mit Waschbären haben die meisten Leute eher wenig zu tun, und doch gibt es eine ganze Menge davon bei uns. Du hast noch nie einen gesehen? Kein Wunder: Waschbären leben sehr heimlich, und man bekommt sie in freier Wildbahn nur selten zu Gesicht.

Einzug ins Kinderzimmer.

Der kleine Bär hat viele Gesichter. Mit seiner berühmten schwarz-weißen Gesichtsmaske ist er ein Symbol für alles Freche, Schlaue und Neugierige. Auch Film und Fernsehen haben den sympathischen Minipetz für sich entdeckt und machten ihn zum Hauptdarsteller zahlreicher Comics und Serien. Aus vielen Kinderzimmern ist er daher nicht mehr wegzudenken.

Waschbären leben heute fast überall in Deutschland, lassen sich aber kaum einmal entdecken

Die Zahl der Waschbären in Deutschland steigt. Hier genießen einige halbstarke Junge die Abendsonne.

Doch in den letzten Jahren ist ihre Zahl stark gestiegen, und immer mehr Menschen kommen in Kontakt mit dieser bei uns neuen Tierart. Der Waschbär ist nämlich in Wirklichkeit ein Nordamerikaner und wurde vor vielen Jahren zu uns nach Deutschland gebracht. Mittlerweile fühlen sich die kleinen Raubtiere hier pudelwohl und haben sowohl Wälder und Städte als auch viele Herzen im Sturm erobert. Die meisten finden die lustigen Pelzträger auf Anhieb sympathisch. Zugegeben, die plüschigen Racker sehen äußerst niedlich aus – so mancher der kleinen Kerle hat es aber auch faustdick hinter den Ohren, und nicht überall ist der vorwitzige Geselle gern gesehen. Putziges Bärchen oder lästiger Obstdieb – was für ein Tier verbirgt sich wirklich hinter der berühmten Panzerknackermaske?

Folge uns in schwindelnde Höhen und kuschelige Höhlen und erfahre, was die kleinen Bären mit dem Ringelschwanz den Tag oder besser gesagt die Nacht über so treiben. Komm mit in die heimliche Welt der Waschbären!

Ein Waschbär tastet nach Beute. Weil das aussieht, als wasche er sie, erhielt er seinen Namen.

Natürlich interessieren sich auch Forscher für die Kleinbären. Das Jungtier hier auf dem Bild ist allerdings zahm.

Das Leben der Waschbären beginnt erst so richtig, wenn wir ins Bett gehen

Nachts, wenn alles schläft

Wenn Du ins Bett gehst, werden Waschbären erst so richtig munter. Den Tag verschlafen sie in einem sicheren Versteck. Sie sind, wie auch viele andere Waldbewohner, nachtaktiv. Wenn die Dämmerung hereinbricht, kommen sie aus ihren Schlafplätzen geklettert und machen sich auf die Suche nach Nahrung. Meistens dauert das die ganze Nacht. Zwischendurch kann es allerdings schon mal sein, dass eine kleine Verschnaufpause gemacht wird.

Wenn ihr Bedarf an Nahrung sehr hoch ist, wie etwa zur Zeit der Jungtieraufzucht, können Waschbären gelegentlich auch tagsüber unterwegs sein – allerdings nur in Gebieten, die sehr ruhig und abgelegen sind. Waschbären im Zoo kannst Du meistens ebenfalls am Tag beobachten, weil sie dort zu dieser Zeit für die Besucher gefüttert werden und ihren Rhythmus daran angepasst haben.

Ganz schön weit

Waschbären legen bei der Futtersuche im Wald in der Regel acht bis zehn Kilometer pro Nacht zurück! Für eine leckere Mahlzeit sind sie durchaus bereit, sogar bis zu 20 Kilometer zu laufen.

In der Dunkelheit suchen die cleveren Tiere auch gerne in Scheunen nach Fressbarem

Nicht wie diese zahmen Jungtiere im Boot, sondern als Pelztiere auf Frachtschiffen gelangten Waschbären von Nordamerika nach Europa

Einwanderer aus Übersee

Waschbären gibt es zwar schon seit rund 100 Jahren in Deutschland, jedoch kommen sie ursprünglich nicht von hier, wie Du im ersten Kapitel schon gelesen hast. Ihre eigentliche Heimat ist Nordamerika. Dort gehören Waschbären zu den häufigsten Säugetierarten.

Doch warum sind sie zu uns gekommen, und vor allem wie? Schließlich können wir Menschen nur mit dem Flugzeug oder mit dem Schiff von hier nach Amerika reisen. Waschbären sind nicht freiwillig zu uns gelangt. Von alleine hätten sie die weite Reise niemals geschafft und auch gar keinen Grund dafür gehabt.

Von Natur aus unternehmen Waschbären weite Wanderungen. Aber über den Ozean bis nach Deutschland hätten sie es natürlich von alleine nie geschafft.

Wenn Arten von sich aus wandern, dann ist das ein ganz natürliches Verhalten. Auf der Suche nach Nahrung und einem geeigneten Partner machen sie sich auf, um neue Lebensräume zu erobern. Oder sie verbringen nur einen Teil ihres Lebens an einem bestimmten Ort, wie beispielsweise die Zugvögel. Diese natürliche Ausbreitung geschieht sehr langsam und nicht wie bei uns Menschen aus reiner Abenteuerlust heraus, sondern weil die Tiere ihren Instinkten folgen, ihrem angeborenen Verhalten. Normalerweise beenden natürliche Grenzen wie Ozeane, Wüsten und Berge die Reiselust der tierischen Wanderer. Doch seit der Mensch begonnen hat, neue Verkehrswege zu nutzen, können Arten ungehindert über alle Grenzen hinweg mitreisen. Dabei gelangen viele zufällig ins Gepäck, reisen als blinde Passagiere mit Autos, Schiffen und Flugzeugen um die Welt und werden völlig woanders wieder ausgepackt.

Oft werden sie aber auch absichtlich mitgenommen und von heute auf morgen an einen völlig anderen Ort gebracht: als Nutztiere, als Mitbringsel oder aber einfach nur, weil sie schön und exotisch sind. Der Waschbär wurde wegen seines wertvollen Fells in Europa eingeführt.

Tiere, die nicht von alleine, sondern mithilfe des Menschen in ein neues Land gekommen sind, nennt man „Neozoen“. Dieses Wort leitet sich aus dem Griechischen ab und bedeutet „neue Lebewesen“. Auf diese Weise gelangen fast täglich neue Arten zu uns. Meistens sind es winzig kleine Insekten oder Meeresbewohner, die aber in der Regel hier nicht überleben können. Für die meisten Arten, die in einen neuen Lebensraum gebracht werden, ist der Unterschied zu den Bedingungen ihrer eigentlichen Heimat nämlich zu groß. Nicht jedoch beim Waschbären! Da die kleinen Raubtiere sehr anpassungsfähig sind, konnten sie sich in ihrem neuen Lebensraum bestens zurechtfinden. Warum sich Waschbären hier so gut eingelebt haben und was sie an speziellen Eigenschaften und Fähigkeiten mitbrachten, kannst Du in den späteren Kapiteln lesen.

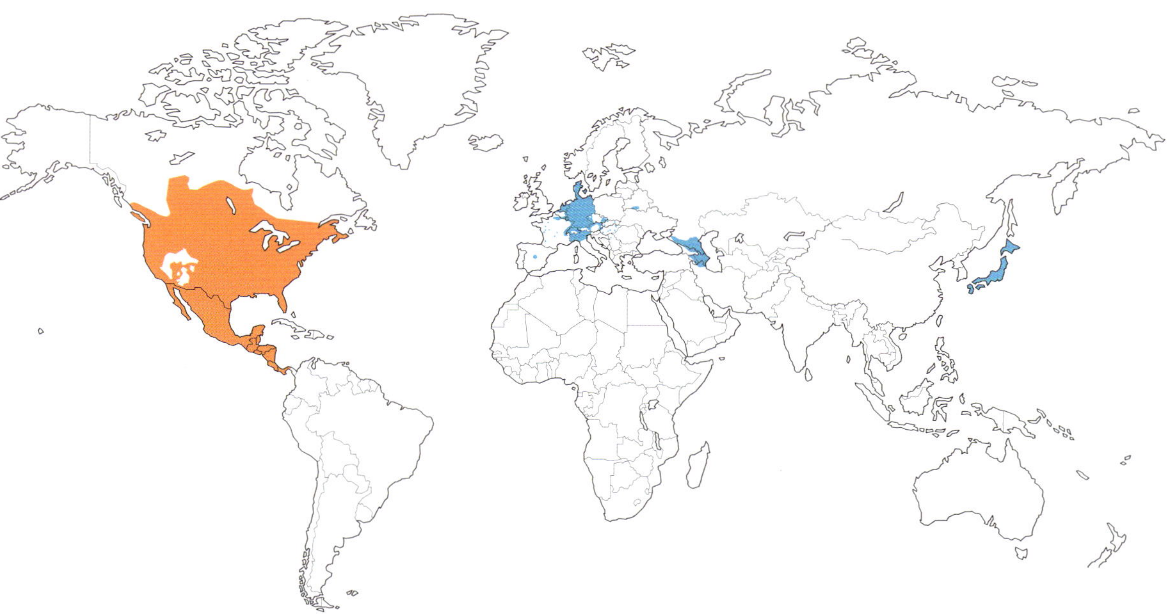

Das orange eingefärbte Gebiet zeigt Dir die ursprüngliche Verbreitung des Waschbären. Blau sind Regionen markiert, in die er eingeschleppt wurde.

Neu bei uns

In Deutschland gibt es noch viele weitere Beispiele für ursprünglich fremde Tierarten. Von vielen wissen wir kaum noch, dass sie früher hier nicht heimisch waren. Oder war Dir zum Beispiel bekannt, dass auch das Kaninchen, der Fasan oder die Wanderratte irgendwann einmal aus der Ferne hergekommen sind? Sie wurden nur schon sehr viel früher als der Waschbär zu uns gebracht und werden deshalb als „Archäozoen“ bezeichnet, also als sehr alte Neuankömmlinge.

Der seltene und stark gefährdete Cozumel-Waschbär lebt nur auf der Karibik-Insel Cozumel vor der mexikanischen Küste

Bärenbrüder

Bär ist nicht gleich Bär. Der Waschbär gehört zu den Kleinbären, einer relativ kleinen Raubtierfamilie mit insgesamt 14 verschiedenen Arten. Anders, als Du vielleicht denken würdest, sind sie mit den Großbären wie Eisbär oder Pandabär allerdings nur fern verwandt. Die nahen Verwandten der Kleinbären sind vielmehr die Stinktiere und die Marderartigen wie zum Beispiel Dachs und Fischotter.

Wie der Name schon sagt, sind Kleinbären deutlich kleiner als die Großbären. Alle Kleinbären haben einen langen Schwanz, der bei manchen Vertretern, wie dem Waschbären, stark geringelt ist. Die meisten der Arten sind nachtaktiv und ernähren sich hauptsächlich von Früchten, Insekten und kleineren Wirbeltieren. Am ehesten kennst Du wahrscheinlich die Nasenbären, die man des Öfteren im Zoo sehen kann. Die anderen Kleinbären sind recht wenig bekannt, da sie tief in den amerikanischen Regenwäldern leben und bei uns in Zoos nur sehr selten gezeigt werden.

Auch die Nasenbären zählen zu den Kleinbären

Krabbenwaschbären sind vom Süden Mittelamerikas über weite Teile Südamerikas verbreitet

Der dem Waschbären sehr ähnlich sehende Rote Panda (oder auch Katzenbär) wurde früher ebenfalls zu den Kleinbären gezählt. Nach neueren Forschungsergebnissen gehört er aber zu einer eigenen Familie.

Es gibt übrigens nicht nur den „typischen" Nordamerikanischen Waschbären, sondern noch zwei andere, nah mit ihm verwandte Arten: den Krabbenwaschbär aus Mittel- und Südamerika sowie den Zwerg- oder Cozumel-Waschbär, der nur auf Cozumel lebt, einer Insel im Osten von Mexiko. Bei uns in Europa ist aber nur der Nordamerikanische Waschbär eingebürgert worden.

Die folgenden Gattungen bilden die Familie der Kleinbären:

- Waschbären (Nord- und Mittelamerika, Mitteleuropa, Japan, Weißrussland, Kaukasus; drei Arten)
- Nasenbären (in Mittel- und Südamerika weit verbreitet; vier Arten)
- Wickelbär (Regenwald Mittel- und Südamerika; eine Art)
- Katzenfretts (Wälder und Trockengebiete Nord- und Mittelamerikas; zwei Arten)
- Makibären (Regenwälder Mittel- und Südamerikas; vier Arten)

Der Name trügt

Tiere, die einen „Bären" im Namen tragen, sind nicht unbedingt auch welche. Nur der Seebär ist ein ganz ferner Verwandter der Groß- und Kleinbären, da es sich bei ihm ebenfalls um ein Raubtier handelt. Die anderen „Bären" nennen sich zwar so, sind aber keine. Ameisenbären sind mit Faul- und Gürteltieren verwandt. Auch Koalabären gehören nicht zur Bärenverwandtschaft, sondern wie das Känguru zu den Beuteltieren. Mit den eigentlichen Bären haben sie also nur den Namen und ihren teddybärartigen Kopf gemeinsam. Auch viele Schmetterlinge aus der Familie der Bärenspinner tragen zu der Namensverwirrung bei. Sie haben ihren Namen wegen ihrer pelzigen, mit dichten Haarbüscheln besetzten Raupen erhalten. Zu ihnen zählen der Braune Bär und der Schwarze Bär. Bitte nicht mit „Braunbär" oder „Schwarzbär" verwechseln – das sind nämlich wirklich die echten Bären.

Familienzuwachs

Die meisten Kleinbären leben sehr versteckt im südamerikanischen Regenwald. Dennoch ist es Forschern im Jahr 2013 gelungen, eine neue Art zu entdecken: den Anden-Makibär oder Olinguito (sprich: Olingito). Dieser kleine Schlankbär wurde aber nicht etwa zufällig im tiefen Dschungel gefunden. Der US-amerikanische Zoologe, also Tierforscher Kristofer Helgen wollte die unterschiedlichen Makibären oder Olingos anhand von Museumspräparaten untersuchen und bemerkte dabei: Einige aus Kolumbien stammende präparierte Tiere, die angeblich „normale“ Makibären waren, waren nicht nur kleiner, sondern wichen auch in Merkmalen von Schädel, Zähnen und Fell ab. Dadurch war klar: Das musste eine bislang unbeschriebene Art sein! Erst daraufhin suchten und fanden Forscher diese Tiere in ihrem Lebensraum. Das Verbreitungsgebiet des Olinguitos sind die Anden in Ecuador und Kolumbien. Dass heutzutage noch ein neues Raubtier entdeckt wird, ist eine kleine Sensation – es war das erste Mal seit 35 Jahren!

Der Waschbär ist auf dem Vormarsch ...

Ein Neuer in Europa

Der nordamerikanische Waschbär ist der häufigste Vertreter der Kleinbären und als Einziger auch in den etwas kälteren Klimazonen verbreitet, da nur er ein Fettpolster für den Winter aufbauen kann.

Bis vor knapp 100 Jahren waren Waschbären in Mitteleuropa genauso wenig zu Hause wie Nashörner und Kängurus. Ende der 1920er-Jahre hielt man es allerdings für eine gute Idee, die Tiere wegen ihres wertvollen Fells von Amerika nach Deutschland zu holen. Damals war es große Mode, Pelze zu tragen, aber der Einkauf der Felle aus dem Ausland war sehr teuer. Die Waschbären wurden daher in Pelztierfarmen gezüchtet und an verschiedenen Orten ausgesetzt, um sie später jagen zu können. Zusätzlich sind dann auch immer wieder Tiere aus Zoos und Wildparks entkommen.

Die Entdeckung des Waschbären

Christoph Columbus hat 1492 nicht nur den Kontinent Amerika (wieder-)entdeckt, er war auch tatsächlich der Erste, der damals den Waschbären beschrieb. Auf der Bahamas-Insel Long Island (sprich: Long Eiländ) sah er ein paar Tiere zusammen spielen und bezeichnete die ihm völlig neue Art als „clownähnlichen Hund".

Bis der Waschbär seine heutige Bezeichnung erhielt, dauerte es aber noch eine ganze Weile. Niemand konnte sich so recht festlegen, zu welcher Tiergruppe der merkwürdige Geselle zählen sollte. Der berühmte Naturforscher Carl Linné ordnete den Waschbären 1758 schließlich den Bären zu und gab ihm den wissenschaftlichen Namen *Ursus lotor*. Das ist aus dem Lateinischen abgeleitet und bedeutet so viel wie „waschender Bär".

Nur einige Jahre später erkannte der deutsche Biologe Conrad Christian Storr, dass der Waschbär nicht zu den Bären, sondern zu einer eigenen Familie gehört. Aus *Ursus lotor* wurde *Procyon lotor*, der „waschende Vorhund". Seitdem trägt der Waschbär diesen wissenschaftlichen Namen.

Wegen ihrer heimlichen Lebensweise war lange nicht bekannt, wie hervorragend sich die Tiere in Deutschland eingelebt haben

Hier siehst Du einen der allerersten Waschbären, die in Deutschland ausgesetzt wurden

Der dichte, kostbare Pelz des Waschbären war der Grund dafür, dass die Tiere bei uns angesiedelt wurden

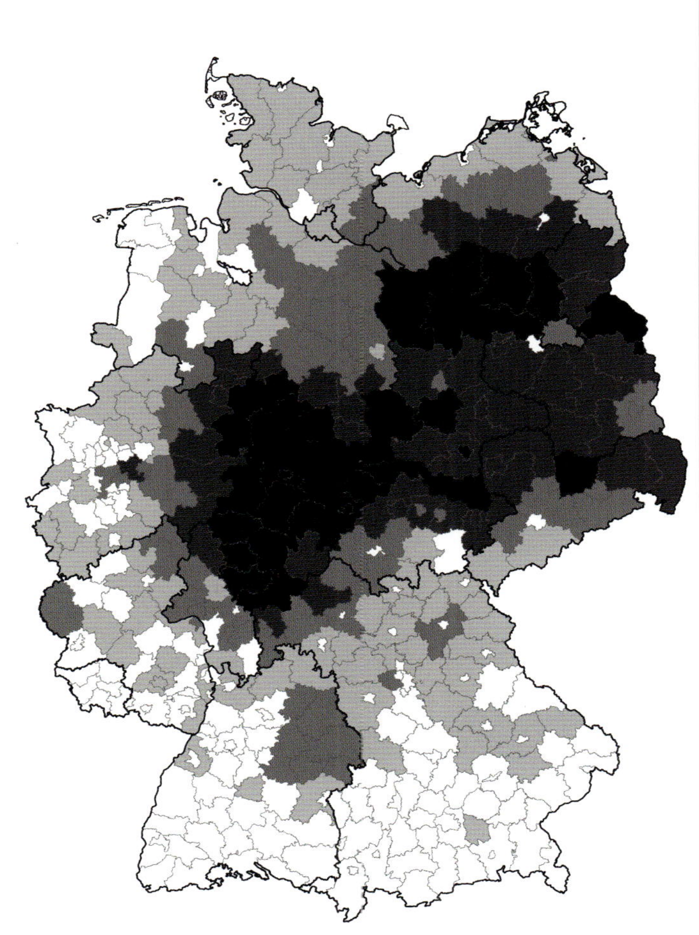

In dieser Karte ist eingetragen, wo Waschbären in Deutschland vorkommen. Je dunkler die Farbe, desto mehr Waschbären leben dort.

Zuerst dachte man, die Waschbären hätten es nicht geschafft, in der Natur zu überleben. Erst viele Jahre später stellte sich heraus, dass sich bereits ein stabiler Bestand entwickelt hatte. Die Waschbären hatten ganz langsam begonnen, sich bei uns in der Natur auszubreiten – heutzutage sind sie fast überall in Deutschland in freier Wildbahn anzutreffen.

Waschbären gibt es mittlerweile in vielen Teilen Europas. Außerdem leben sie heute auch in Japan, Weißrussland, im Kaukasus (Georgien, Armenien und Aserbaidschan) sowie im nördlichen Iran. Die meisten Waschbären außerhalb von Amerika leben allerdings in Deutschland. In den Bundesländern Hessen und Brandenburg sind damals die ersten Tiere ausgesetzt worden oder freigekommen, daher ist ihr Auftreten in diesen Gebieten immer noch am stärksten. Doch mittlerweile haben alle Bundesländer den pelzigen Neuling bei sich. Derzeit leben in Deutschland schätzungsweise über zwei Millionen Waschbären. Wie viele es noch werden, kann niemand genau sagen. Meistens hängt die Anzahl der Tiere vor allem davon ab, wie gut der neue Lebensraum für sie geeignet ist.

Königlicher Beginn

Die allerersten Waschbären gelangten nicht wegen ihres Pelzes nach Deutschland, sondern wurden bereits 1835 von New Orleans (sprich: Nju Oalins) nach Berlin gebracht. Hier sollten sie auf der Pfaueninsel die Tierhaltung des Königs bereichern. Noch heute sind Waschbären beliebte Zoobewohner, da sie sehr genügsam sind und die Menschen mit ihren Kletterkünsten erfreuen. Doch gerade weil Waschbären solche Klettermeister sind, gibt es in Deutschland kaum ein Gehege, aus dem die kleinen Racker nicht schon einmal ausgebüxt wären. Daher müssen ihre Gehege mit speziellen Tricks gesichert werden.

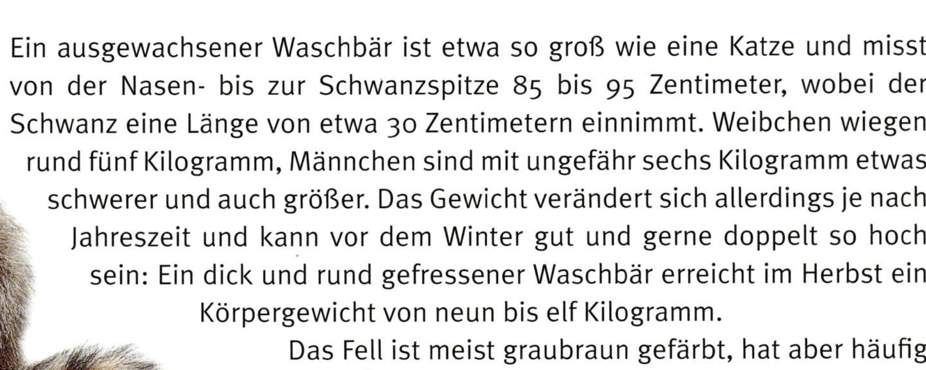

Gesichtsmaske und geringelter Schwanz sind die auffälligsten Kennzeichen des Waschbären

Ein ausgewachsener Waschbär ist etwa so groß wie eine Katze und misst von der Nasen- bis zur Schwanzspitze 85 bis 95 Zentimeter, wobei der Schwanz eine Länge von etwa 30 Zentimetern einnimmt. Weibchen wiegen rund fünf Kilogramm, Männchen sind mit ungefähr sechs Kilogramm etwas schwerer und auch größer. Das Gewicht verändert sich allerdings je nach Jahreszeit und kann vor dem Winter gut und gerne doppelt so hoch sein: Ein dick und rund gefressener Waschbär erreicht im Herbst ein Körpergewicht von neun bis elf Kilogramm.

Das Fell ist meist graubraun gefärbt, hat aber häufig auch einen rötlichen oder gelblichen Ton. Der Wechsel vom kürzeren Sommer- zum längeren Winterfell findet ein Mal im Jahr statt. Am auffälligsten sind die deutliche Gesichtsmaske und der stark geringelte Schwanz.

Waschbären können weite Strecken laufen, sind aber nicht besonders schnell und springen nur sehr schlecht. Dafür sind sie extrem gute Kletterer und prima Schwimmer. Ihr Rücken hat einen typisch „bärigen“ Buckel, mit einem hohen Hinterteil.

Mit ihren spitzen Zähnen und scharfen Krallen sind die kleinen Raubtiere sehr wehrhaft, wenn es beispielsweise um die Verteidigung ihrer Jungen geht. Weibliche Waschbären werden auch Fähen genannt, die Männchen Rüden. Die kleinen Waschbären heißen Jungbären.

Vorsicht, Verwechslungsgefahr!

Du weißt ja bereits, dass Waschbären eine schwarze Gesichtsmaske tragen. Das ist aber auch bei anderen Tieren der Fall, die in unseren Wäldern leben. Daher kann es schnell mal zu Verwechslungen kommen. Häufig wird der Waschbär für einen Marderhund (Foto links) gehalten, einen Raubsäuger aus der Familie der Hunde. Der Marderhund ist auch ein Neozoon und lebt seit knapp 60 Jahren in Deutschland. Im Englischen wird er wegen seiner Ähnlichkeit zum Waschbären übrigens „raccoon dog“ (Waschbärhund) genannt. Auch mit einem Dachs (Foto oben) kann der Waschbär verwechselt werden.

Der starke Kontrast zwischen Schwarz und Weiß im Gesicht hilft den nachtaktiven Tieren dabei, einander in der Dunkelheit besser zu erkennen. Männliche und weibliche Waschbären sehen übrigens auf den ersten Blick haargenau gleich aus und lassen sich aus der Ferne nicht unterscheiden.

Aufgespürt

Die Fußabdrücke des Waschbären sind unverwechselbar und somit leicht von denen anderer Tiere zu unterscheiden. Wenn Du Spuren findest, die wie eine kleine Kinderhand aussehen, kannst Du Dir ziemlich sicher sein, dass hier ein Waschbär entlanggelaufen ist. Waschbärenpfoten haben je fünf lange, fingerartige Zehen, die an den Vorderpfoten strahlenförmig auseinandergehen. Die Hinterpfoten sind länglicher und werden beim Laufen nicht vollständig aufgesetzt, weshalb man auch von Halbsohlengängern spricht.

Beim Herabklettern am Baum hinterlässt der Waschbär durch das Nachziehen der Hinterpfoten schräge Kratzspuren, auf feuchtem Boden solche typischen Abdrücke

Beim Passgang werden beide Pfoten einer Körperseite gleichzeitig aufgesetzt

Waschbären sind Passgänger, was bedeutet, dass sie beide rechten und dann beide linken Pfoten gleichzeitig aufsetzen. Andere Passgänger sind übrigens Kamele oder Giraffen, und auch Großbären bewegen sich auf diese Art fort.

Wie Du schon gelesen hast, können Waschbären trotz ihrer eher pummeligen Gestalt sehr geschickt klettern. Wenn sie einen Baum erklimmen, sieht das ganz gewöhnlich aus. Aber herunter klettern sie auf eine besondere Art und Weise, nämlich mit dem Kopf voran. Dabei ziehen sie die Hinterpfoten nach und hinterlassen schräge, waschbärentypische Kratzspuren. Schau doch mal nach, ob Du solche Spuren an einem alten Baum bei Dir in der Nähe entdecken kannst.

Geschickt läuft ein Waschbär selbst über einen so schmalen Stamm und hinterlässt seine Pfotenabdrücke dann hintereinander

Eine Waschbär-Toilette, eine sogenannte Latrine

Ihren Kot setzen Waschbären am liebsten immer an einer bestimmten Stelle ab. Diese „Toiletten“ heißen Latrinen. Sie spielen außerdem für die Verständigung der Waschbären untereinander eine wichtige Rolle: Es sind ganz spezielle Treffpunkte, die immer wieder von verschiedenen Tieren aufgesucht werden. Waschbärlatrinen sind häufig in Gewässernähe auf dicken Ästen oder auf den Stämmen umgestürzter Bäume zu finden. In Städten benutzen die Tiere zum Beispiel Dachböden und Dächer von Garagen und Gartenhäuschen gerne als Toilette. Wenn Du Tierkot am Boden findest, kannst Du ziemlich sicher sein, dass er nicht von einem Waschbären stammt.

5 cm

Dachs

Waschbär

Die Spuren des Waschbären (rechts) ähneln den Abdrücken einer Kinderhand und sind daher nicht mit denen beispielsweise eines Dachses zu verwechseln

Die Pfoten des Waschbären sind extrem tastempfindlich. Mit ihnen kann er selbst so etwas Glattes wie ein Hühnerei greifen.

Von allen Sinnen

Waschbären verfügen über sehr scharfe Sinne. Der feine Geruchssinn spielt vor allem für die Verständigung untereinander und die Nahrungssuche eine große Rolle. Mit seinem guten Gehör kann der Waschbär sogar das Rascheln von Käfern im Laub hören. Das Sehvermögen ist nur durchschnittlich. Wie die meisten nachtaktiven Säugetiere sind Waschbären farbenblind. Dafür sehen sie in der Dämmerung viel besser als wir Menschen.

Der mit Abstand beste Sinn des Waschbären ist der Tastsinn. Waschbären suchen ihre Nahrung nämlich nicht in erster Linie mit der Nase, wie es die meisten anderen Raubtiere tun. Sie ertasten das Futter vielmehr mit den empfindlichen Vorderpfoten, ergreifen es blitzschnell und führen es anschließend zum Maul. Waschbären „sehen“ also praktisch mit ihren Vorderpfoten. Dieser hoch entwickelte Tastsinn wird auch gerne als die „Geheimwaffe“ des Waschbären bezeichnet, denn hierdurch kann er an Nahrung gelangen, an die sonst kaum ein anderes Wildtier herankommt. Die geschickten Pfoten können jeden noch so winzig kleinen Gegenstand ertasten und festhalten.

Warme Pfoten

Erstaunlicherweise bekommen Waschbären selbst nach stundenlanger Futtersuche im eiskalten Wasser keine kalten, klammen Pfoten, sondern können immer noch kleinste Gegenstände erfühlen. Denn dank spezieller Anpassungen in den Pfoten bleiben die Sinneszellen trotz der Kälte noch hochsensibel.

Gelernt ist gelernt!

Waschbären sind sehr lernfähig und können sich unheimlich gut an Dinge erinnern. Bei Untersuchungen zum Erinnerungsvermögen konnten die Tiere komplizierte Mechanismen öffnen, um an Futter zu gelangen, obwohl sie das viele Jahre zuvor gelernt und in der Zwischenzeit nicht mehr gemacht hatten. Sie gehören zu den intelligentesten Säugetieren, die in Europa leben.

Dieser clevere Kerl hat gelernt, wo es etwas zu trinken gibt und wie er an das Wasser herankommt

Was wäscht der Waschbär?

Wie Du nun schon weißt, finden Waschbären anders als die meisten Tiere ihre Nahrung mit den Vorderpfoten. In Zoos oder Tierparks müssen sie ihr Futter nicht erst suchen, sondern bekommen es fertig im Napf vorgesetzt. Dort kannst Du immer wieder beobachten, dass sie ihre Nahrung vor dem Fressen zum Wasser tragen. Das sieht dann so aus, als würden sie das Futter waschen. In Wirklichkeit ahmen sie aber nur ihre natürliche Nahrungssuche nach, denn in der Natur ertasten sie ihre Nahrung ja meist im Wasser. Das erwähnte Verhalten im Zoo wird auch Leerlaufhandlung genannt, da es dort keine wirkliche Funktion erfüllt. Es ist nur eine Ersatzhandlung für das angeborene Verhalten. Der Waschbär wäscht also gar nicht, sondern ertastet nur sein Futter.

Indem er seinen Nacken am Stamm reibt, hinterlässt dieser Waschbär Duftstoffe. So verständigt er sich mit Artgenossen.

Für die Nahrungssuche durchforsten die Kleinbären vor allem Ufer von Bächen und Tümpeln sowie flache Gewässerränder.

Waschbären verständigen sich untereinander durch ihre Körpersprache und Gerüche. Ihre Streifgebiete markieren sie mit Urin, oder sie reiben bestimmte Körperstellen, zum Beispiel den Nacken, an Ästen, Steinen oder anderen Gegenständen. Auch beim Scharren mit den Hinterpfoten verteilen sie einen körpereigenen Geruch. Die meisten Informationen werden aber auf den Latrinen ausgetauscht: An den Gerüchen der Kothaufen können Waschbären nämlich erstaunlicherweise eine ganze Reihe von Hinweisen ablesen. Du kannst Dir die Latrinen somit wie Pinnwände vorstellen, an die kleine Informationszettel gehängt werden. Die Tiere kommen vorbei, „lesen“ den einen oder anderen „Zettel“ und hängen selber neue dazu. So weiß jeder über alles Bescheid, was im Gebiet passiert, zum Beispiel wo es wichtige Nahrungsplätze gibt oder ob jemand neu dazugekommen ist. Auch Informationen darüber, ob die Weibachen paarungsbereit sind, können von den Latrinen „abgerochen“ werden.

Leuchtblick

Viele nachtaktive Tiere haben im Inneren des Auges eine reflektierende Schicht, die das einfallende Licht zurückwirft. Dadurch dringt das Licht zweimal durch die empfindliche Netzhaut, und die Tiere können im Dunkeln deutlich besser sehen. Diese Schicht heißt Tapetum lucidum, zu Deutsch etwa „leuchtender Teppich“, und strahlt sehr hell, wenn sie nachts angeleuchtet wird. Du hast das bestimmt schon einmal bei einer Katze gesehen.

Zwischen Totempfahl und Bisonfell

Der Waschbär ist ein wichtiger Bestandteil der indianischen Mythologie. Einige amerikanische Stämme trugen bei Ritualen eine schwarz-weiße Gesichtsbemalung, die an die Maske des Waschbären erinnert. Viele der mündlich überlieferten Fabeln handelten davon, wie er andere Tiere austrickste oder wie geschickt er Krebse fing.
Die Indianer kannten auch sein Gespür für den genauen Zeitpunkt, wann Früchte reif sind. Nicht selten mussten sie nämlich am Tag der Ernte die Erfahrung machen, dass ihnen die Waschbären bereits zuvorgekommen waren. Die verschiedenen Stämme gaben dem Waschbären Namen wie „Der alles in die Hände nimmt", „Der Magische mit dem gemalten Gesicht" oder Bezeichnungen, die auf seinen langen Ringelschwanz hinwiesen. Die Algonkin-Indianer im heutigen Südosten Kanadas nannten ihn „aroughcun", was mit „Der mit den Händen kratzt" übersetzt werden kann. Davon leitet sich auch die heutige englische Bezeichnung „raccoon" (sprich: rakúhn) ab.

In solchen Landschaften findet ein Waschbär alles, was er zum Leben braucht

Im Reich der Minipetze

Der Waschbär ist ein Anpassungskünstler. Er fühlt sich im Prinzip überall dort wohl, wo er genügend Nahrung und sichere Plätze findet, um dort zu schlafen und seine Jungen zur Welt zu bringen. In seiner Heimat Nordamerika bewohnt er eine Vielzahl an Landschaften – von Wäldern über Prärien bis hin zu Sumpflandschaften. Sogar im Gebirge kann er manchmal vorkommen. Nach und nach ist er auch bis in die Siedlungen des Menschen vorgedrungen.

Bei uns in Europa zählen Laubwälder mit vielen Gewässern und alten, höhlenreichen Bäumen zu den typischen Lebensräumen. Reine Nadelwälder und große Ackerflächen dagegen sind für Waschbären wie Wüsten und werden bestenfalls schnell durchquert. Die Tiere fühlen sich nur richtig sicher, wenn sie bei Gefahr rasch irgendwo hochklettern können. Da sie aufgrund ihrer bärigen Gestalt nicht schnell laufen können, ist dies ihre einzige Fluchtmöglichkeit. Auch zum Schlafen und für die Aufzucht der Jungtiere bevorzugen sie hohe und geschützte Stellen.

Für ihre Nahrungssuche sind Waschbären vor allem auf Wasser angewiesen. Daher gehören auch Moorlandschaften zu den für sie gut geeigneten Gebieten. Hier finden die kleinen Raubtiere nicht nur zahlreiche Leckerbissen, sondern auch gute Versteck- und Schlafmöglichkeiten.

Mein Wald, dein Wald

Ein Waschbär lebt in einem bestimmten Gebiet, in dem er auf Nahrungssuche geht, sich fortpflanzt und seine Jungen aufzieht. Die Größe des Gebiets, das ein Waschbär dafür braucht, ist je nach Art des Lebensraumes sehr unterschiedlich und hängt vor allem davon ab, wie viel Nahrung dort vorhanden ist. Auch die Jahreszeit entscheidet über die Größe der Fläche. Denn je nachdem, wie viel es zu fressen gibt, muss er in einem kleineren oder größeren Umkreis danach suchen. Ein im Wald lebender Waschbär nutzt eine Fläche von ungefähr 500 bis 1 000 Hektar – ein Hektar ist etwa so groß wie ein Fußballfeld. In der Stadt dagegen sind diese Streifgebiete zehn Mal kleiner, denn hier müssen die Tiere nicht lange suchen, um satt zu werden. Rüden brauchen im Allgemeinen doppelt so viel Platz wie Fähen. Die Streifgebiete der Tiere überschneiden sich oft zu großen Teilen, werden aber auch gegen Eindringlinge verteidigt. Dies geschieht allerdings nicht so stark wie beispielsweise bei Mardern und Füchsen, die ein festes Revier oder Territorium haben.

Bett mit Ausblick

Waschbären sind Meister im Verstecken und leben für uns Menschen meist im Verborgenen. Wenn Du tagsüber durch den Wald gehst, wirst Du trotz wachen Blicks höchstwahrscheinlich nie einen der Minipetze entdecken, da sich die Tiere zu dieser Zeit zum Schlafen in große Höhen zurückgezogen haben. Um einen solchen Schlafplatz zu finden, brauchst Du ein gutes Auge und eine Menge Übung.

Auszeit

In kalten Wintern und vor allem bei Schnee ziehen sich die Waschbären zu einem langen Schläfchen in eine kuschelige Baumhöhle zurück: Sie halten Winterruhe. Im Gegensatz zu den echten Winterschläfern wie zum Beispiel Fledermäusen, Murmeltieren oder Igeln sind ihre Atmung und ihr Herzschlag dabei aber nur wenig herabgesetzt, und die Tiere können jederzeit von alleine wieder aufwachen. In dieser Zeit verbrauchen sie ihre Fettreserven, die sie sich im Herbst fleißig angefressen haben. Die Winterquartiere werden oft von mehreren Waschbären gleichzeitig belegt. Das ist zum einen schön warm, zum anderen beginnt im Winter die Paarungszeit der Waschbären, und da ist es sehr praktisch, wenn man seinen Partner nicht erst noch lange suchen muss. In milden Wintern sind die Tiere auch in der kalten Jahreszeit oft noch unterwegs.

Hier lässt es sich so richtig schön abhängen – und man hat mögliche Gefahren im Blick

Ist diese Höhle als Nachtlager geeignet?

Den Tag verschlafen die Kleinbären in Höhlen in sicherer Höhe

Ein Waschbär nutzt aber nicht immer denselben Schlafplatz, sondern im Lauf seines Lebens mehrere hundert. Damit sich keine Krankheiten und Parasiten ausbreiten können und die Tiere ihre Streifgebiete möglichst gut überblicken, schlafen die Minipetze jeden Tag woanders und suchen sich immer wieder neue Stellen. Besonders beliebte Plätze werden aber regelmäßig wieder genutzt.

Waschbären bauen selber keine Schlafstätten. Meist dienen ihnen natürliche Strukturen wie Höhlen in dicken, alten und manchmal sogar schon recht morschen Bäumen als Tagesversteck. Höhlen haben ein gutes Mikroklima, was bedeutet, dass es dort warm und geschützt ist, aber trotzdem genügend frische Luft hineinkommt. Eichen sind besonders gute Schlafplatzbäume, da die alten Stämme oft tiefe Höhlen ausbilden und sich die raue Rinde gut zum Hochklettern eignet. Aber auch auf anderen Baumarten lässt es sich prima schlafen. Im Müritz-Nationalpark (Mecklenburg-Vorpommern) beispielsweise gibt es viele alte Buchen, die eine sehr glatte Rinde haben. Die geschickten Kletterer haben sich daran angepasst und sehr schnell gelernt, wie man die rutschigen Stämme am besten hochklettert.

Wenn es warm ist, schlafen Waschbären gerne an kühlen Stellen am Boden, etwa auf flachen Wurzeln, in verlassenen Erdbauen, unter Gebüsch und im Schilf. Ist es kälter, suchen sie sich gerne ein sonniges Plätzchen in einer hohen Astgabel, die gut und gerne 10 bis 30 Meter hoch über dem Boden liegen kann.

Dieser junge Waschbär macht sich auf die Suche nach einem Unterschlupf für den Tag

Viele Plätze werden von mehreren Waschbären gleichzeitig genutzt. Das sind dann verwandte Weibchen oder Rüden, die in enger Verbindung zueinander stehen. Warum einige Tiere den Tag miteinander verbringen, verraten wir Dir auf Seite 40.

Wer tagsüber Waschbären aufspüren will, braucht viel Erfahrung und ein gutes Fernglas!

Entdeckst Du die zwei Waschbären?

„Von allem etwas, bitte!“

„Geschickt und geduldig“ statt „schnell und wendig“ – Waschbären sind keine Jäger, sondern ausdauernde Sammler. Als Allesfresser ernähren sie sich von vielen unterschiedlichen Dingen und nehmen immer das, was es gerade gibt. Was das ist, entscheidet vor allem die Jahreszeit.

Auf dem Speiseplan steht alles, was leicht erreichbar und am besten in großen Mengen vorhanden ist. Wie Du schon weißt, finden Waschbären ihre Nahrung mithilfe ihrer sensiblen Vorderpfoten. Einen Großteil ihrer Mahlzeiten suchen sie in flachen Gewässern, zum Beispiel an Fluss- oder Seeufern, Bächen und Tümpeln. Hier hocken die Tiere auf ihren Hinterpfoten im Wasser, um Boden und Steine nach Fressbarem abzutasten.

Der Spätsommer hält leckere Äpfel, ...

... Pflaumen und andere Früchte bereit

Den größten Anteil an der Nahrung machen wirbellose Tiere aus, wie Schnecken, Insekten und Regenwürmer. Aber auch pflanzliche Kost steht bei Waschbären hoch im Kurs. Obst, Getreide, Eicheln, Bucheckern oder Nüsse – all dies sind echte Leckerbissen für die nachtaktiven Raubtiere. Vögel und kleinere Säugetiere dagegen erwischen sie eher als Gelegenheitsbeute, denn Waschbären sind äußerst bequeme Tiere. Wer macht sich schon auf die anstrengende Suche nach Vogelnestern, wenn sich kleine Wasserbewohner ganz einfach absammeln lassen? In den Feuchtgebieten sind diese das ganze Jahr über in Hülle und Fülle vorhanden.

Hier siehst Du, wie sich die Nahrung des Waschbären zusammensetzt

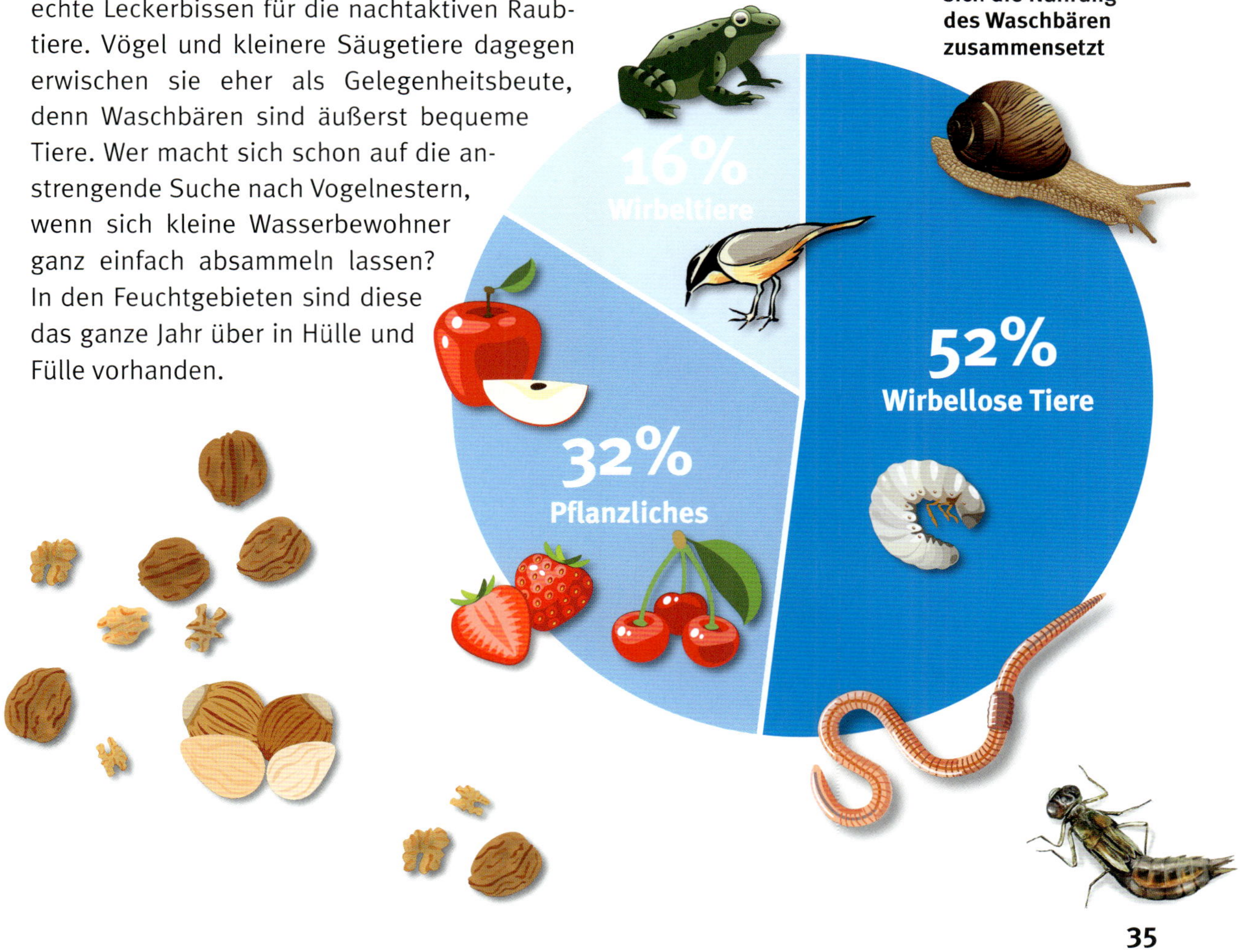

16% Wirbeltiere

52% Wirbellose Tiere

32% Pflanzliches

Zwar verdecken die Wasserlinsen dem Waschbären die Sicht unter die Wasseroberfläche, aber mit seinen empfindlichen Händen ertastet er seine Beute zielsicher

Bis ins kleinste Detail

Forschungsprojekte können wichtige Hinweise über das Nahrungsspektrum in einem bestimmten Naturraum liefern. In der Losung, also dem Kot, lässt sich alles nachweisen, was das kleine Raubtier gefressen hat. Alle bisherigen Studien haben gezeigt, dass Waschbären nicht nur eine Art der Nahrung bevorzugen, sondern stets das fressen, was am häufigsten vorhanden und am einfachsten zu bekommen ist.

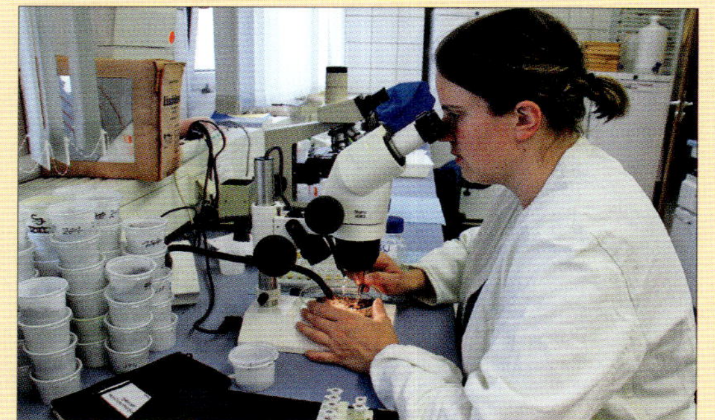

In den Frühlingsmonaten sind es vor allem Schnecken und Frösche, die die Waschbären magisch anziehen. Aber auch knackige Insekten haben sie in dieser Zeit zum Fressen gern. Im Sommer bietet sich ihnen meist die freie Auswahl. Dann können sie zu reinen Pflanzenfressern werden, denn Obst mögen die kleinen Feinschmecker besonders gerne. Im Herbst fressen sich Waschbären mit energiereichem Futter wie Eicheln und Bucheckern eine dicke Speckschicht an. Dabei können sie ihr Gewicht in wenigen Wochen ohne weiteres verdoppeln. Von den Reserven zehren sie dann in den Wintermonaten, denn die kalte Jahreszeit hat nur sehr wenig Abwechslung zu bieten. Da unsere Winter aber meistens sehr mild sind, müssen die Waschbären hierzulande nur selten hungern.

Kleine Banditen

Waschbärenweibchen werfen einmal im Jahr. So nennt man es, wenn sie Nachwuchs bekommen. Meistens sind es zwei bis vier Jungtiere, die im Frühjahr von März bis Mai in einer geschützten Baumhöhle zur Welt kommen. Würfe von fünf und mehr Welpen kommen aber immer mal wieder vor. Bei der Geburt sind die Bärchen blind und taub. Auch Haare besitzen sie kaum. Die unverwechselbare Gesichts- und Schwanzzeichnung aber ist von Anfang an erkennbar.

Wenn die Jungen bereits etwas älter sind, kann die Mutter sie kaum noch von Erkundungsgängen abhalten

Blind und taub kommen Waschbärbabys auf die Welt

Die nahrhafte Milch der Mutter lässt die Kleinen rasch wachsen

Anders als viele unserer heimischen Raubtiere sind Waschbären Spätentwickler und bleiben sehr lange am Wurfplatz, also ihrem Geburtsversteck. Die Jungen werden gesäugt, bis sie etwa vier Monate alt sind. Wie so oft im Tierreich zieht auch bei den Waschbären das Weibchen die Jungtiere allein groß und hat ein sehr langes und enges Verhältnis zu ihnen. Die Mutter muss in der Höhle einiges aushalten, denn die Raufbolde fangen schon früh an, wild miteinander zu spielen. Um aus der meist hoch gelegenen Behausung herauszuklettern, sind sie allerdings noch zu klein.

Erst nach sechs bis neun Wochen verlassen sie ihre Kinderstube. Aus den kleinen Fellknäulen sind dann schon richtige Rabauken geworden, die bereit sind, die große, weite Welt zu erkunden. Mit ungebremstem Entdeckerdrang wagen sie die ersten gemeinsamen Ausflüge. Für lange nächtliche Streifzüge sind sie aber noch zu klein, weshalb die Mutter sie anfangs an sicheren Versteckplätzen am Boden zurücklässt. So kann die Fähe in aller Ruhe auf Nahrungssuche gehen. Denn da die Jungtiere sehr lange Muttermilch trinken, braucht sie jetzt besonders viel Kraft und Energie. Anders als beispielsweise bei Füchsen und Wölfen bringen Waschbärenmütter ihrem Nachwuchs niemals Nahrung.

Hier siehst Du, wie schnell die Jungen an Gewicht und Größe zulegen

Stimmengewirr

Neben ihrer Körpersprache verständigen sich Waschbären über eine Vielzahl unterschiedlicher Laute. Am häufigsten ist der zirpende Kontaktlaut zu hören, mit dem die Mutter ihre Jungtiere ruft und zusammenhält. Weitere spezielle Rufe gibt es für Angst (Fiepen, Gurren), bei Ärger und Verteidigung (Fauchen, Knurren) sowie beim Spielen (Keckern, Quieken, Kreischen). Je nach Situation können sich die Geräusche aber auch vermischen.

Im Alter von etwa zwölf Wochen begleiten die Jungbären die Mutter nun regelmäßig und lernen alles, was sie zum Überleben wissen müssen. Dabei entdecken die Minipetze nach und nach alle wichtigen Verstecke und Nahrungsquellen. Schon bald sind sie dazu in der Lage, sich alleine im Wald zurechtzufinden. Danach lockert sich das Verhältnis, und die Jungbären sind immer häufiger alleine unterwegs.

Für die jungen Bärchen gibt es draußen so viel zu erleben!

Gemeinsamkeit macht stark

Waschbären sind ausgesprochen gesellig und führen ein sehr interessantes, spannendes Zusammenleben. Rüden und Fähen haben allerdings nur in der Paarungszeit wirklich etwas miteinander zu tun. Den Rest des Jahres gehen sie getrennte Wege. Da die weiblichen Jungtiere in der Regel in der Nähe des Ortes bleiben, an dem sie geboren wurden, sind die Fähen eines Gebietes alle eng miteinander verwandt. Tanten, Geschwister und Cousinen treffen sich regelmäßig an gemeinsamen Schlafplätzen. So halten sie ein Leben lang einen lockeren Kontakt zueinander.

Gemeinsam geht alles besser

Waschbären können sehr gesellig sein!

Im Alter von ein bis zwei Jahren bekommen Weibchen das erste Mal Nachwuchs – fast immer ganz in der Nähe ihres eigenen Geburtsortes. Männchen dagegen begeben sich ab einem Alter von sechs Monaten auf Wanderschaft und suchen sich ein weit entferntes neues Gebiet. Bei Raubtieren sind es meist die Männchen, die abwandern, um in der Ferne einen Partner zu finden. Hierdurch soll vermieden werden, dass sich eng verwandte Paare miteinander fortpflanzen, sonst könnte es in der Folge zu Missbildungen bei den Jungen kommen.

Da die Weibchen ihren Geburtsort praktisch nicht verlassen, erfolgt die Ausbreitung des Waschbären relativ langsam. Ab Seite 55 kannst Du lesen, warum es ein kleiner Waschbärrüde mit seinem Aufbruch vor einigen Jahren auf die Titelseite vieler Tageszeitungen geschafft hat.

Fast alle erwachsenen Männchen schließen sich zu wechselnden „Männerbünden" zusammen, den sogenannten Rüdenkoalitionen. Meist leben zwei Rüden, in Gebieten mit sehr vielen Waschbären aber auch drei bis fünf für eine bestimmte Zeit zusammen. Erstaunlicherweise sind sie nicht miteinander verwandt. Diese Art Freundschaft verschafft ihnen Vorteile dabei, Weibchen und das eigene Streifgebiet zu verteidigen. Sie gehen auch gemeinsam auf Nahrungssuche und schlafen häufig Fell an Fell in ihren Schlafplätzen. Interessant ist, dass meist alte und junge Rüden zusammen solch einen Bund eingehen, so als ob die Jüngeren von den Älteren lernen würden. Wir kennen solch eine enge soziale Bindung zwischen nicht miteinander verwandten Rüden von keiner anderen Säugetierart. Warum genau die Männchen sich zusammenschließen, ist noch nicht endgültig erforscht, aber ein paar Geheimnisse dürfen Waschbären schließlich auch haben.

Auch ein Kamin kann als Ein- und Ausstieg dienen ...

Stadtstreicher

Wenn Du an die Stadt denkst, fallen Dir bestimmt nicht zuerst Wildtiere ein. Und doch lebt eine ganze Menge davon in unserer direkten Nachbarschaft! Wilde Tiere findest Du in der Stadt heutzutage nicht mehr nur in Zoos. Längst haben sie Häuser, Parks und Gärten als neuen Lebensraum für sich entdeckt. Während man größere Tiere in der Natur eher selten zu Gesicht bekommt, laufen einem in der Stadt immer mehr über den Weg. Heimlichkeit war gestern. In der Stadt kennen die Tiere plötzlich keine Furcht mehr und zeigen nur ein sehr geringes Fluchtverhalten. An Igel, Fuchs, Marder & Co haben wir uns schon gewöhnt. Aber die Stadt hat noch mehr tierische Bewohner – darunter auch Waschbären.

Die schlauen Minipetze kommen nicht etwa in die Stadt, weil sie im Wald nichts mehr zu fressen fänden oder weil sie krank wären, sondern weil es in der Nähe des Menschen eines massenhaft gibt: Futter. Denn wo Menschen leben, bleibt auch immer etwas für hungrige Wildtiere übrig.

Gut zu wissen!

Alles, was ein Waschbär zum Leben braucht, findet er auch dort, wo Menschen wohnen – oft sogar in größeren Mengen als in der Natur. Es ist daher ganz natürlich, dass er diesen Lebensraum für sich nutzt. Waschbären sind für Menschen nicht gefährlich und auch nicht aggressiv, wenn man sie nicht extra anlockt oder eine Mutter mit ihren Jungtieren stört. In Europa spielen sie als Überträger von Krankheiten auf Menschen bislang kaum eine Rolle. Fast alle Wildtiere haben jedoch Parasiten, daher sollten sie am besten gar nicht erst angefasst werden.

Im Dachstuhl lässt es sich herrlich wohnen!

Tiere, die Menschen in die Städte folgen, nennt man Kulturfolger. Da Waschbären so anpassungsfähig und dazu noch hervorragende Kletterer sind, können sie die Angebote des Stadtlebens bestens nutzen. In alten Gartenhäusern, dunklen Schuppen und auf lauschigen Dachböden lässt es sich aus Waschbärensicht eben sehr gut leben. Gebäude und Kaminschächte eignen sich hervorragend, um sich zu verstecken, den Tag zu verschlafen und die Jungen großzuziehen. Über Regenrohre, nah stehende Bäume oder andere Kletterhilfen ist es für die geschickten Kleinbären ganz einfach, auf das Dach zu kommen. Lockere Dachziegel oder andere Schlupflöcher bilden dann den Eingang ins Haus und auf den Dachboden. Aber auch Bäume mit Höhlen finden sie im Stadtgebiet.

Links: Was der Mensch auf den Kompost wirft, kann für Waschbären noch immer ein Festmahl sein!
Rechts: Wer sagt denn, dass Katzenfutter nur für Katzen ist?

Was die Nahrung angeht, fühlen sich Waschbären dort wie im Schlaraffenland: gefüllte Mülltonnen und Komposthaufen, Obstbäume und hier und da ein verlassener Katzenfutternapf. Während sich die Nahrungssuche im Wald oft über Kilometer hinzieht, muss man hier zum Fressen gerade mal ein paar Schritte in den benachbarten Garten laufen. Weil genug für alle da ist, können in städtischen Regionen sogar bis zu zehn Mal so viele Waschbären auf einem Fleck leben wie in naturnahen Gebieten. Denn hier finden sie alles, was sie zum Leben brauchen, auf engstem Raum. Manche Waschbären verschlafen den Tag noch in nahe gelegenen Wäldern und kommen erst nachts zur Futtersuche in die Nähe des Menschen. Viele verlassen die Stadt aber auch gar nicht mehr und haben dem Wald für immer Lebewohl gesagt.

Auch im Papierkorb kann noch allerhand Leckeres sein!

Wenn Mensch und Tier eng beieinander leben, bleiben Probleme meist nicht aus. Oft entstehen die Schwierigkeiten, wenn Tiere in Bereiche vordringen, in denen der Mensch sie nicht haben möchte, zum Beispiel im eigenen Haus oder Garten. Aufgerissene Müllsäcke und abgeerntete Obstbäume werden vielleicht noch mit einem Schmunzeln hingenommen. Der Spaß hört aber spätestens dann auf, wenn die Tiere in den Gebäuden größere Schäden anrichten. Dann können die niedlichen Amerikaner auch schnell mal zu kleinen Plagegeistern werden. Und wenn sie erst einmal ein gutes Plätzchen entdeckt haben, wird es schwierig, sie wieder loszuwerden.

Doch heutzutage gibt es viele einfache Methoden, die ein friedliches Nebeneinander möglich machen. Bei kaum einer Tierart geht das so leicht wie beim Waschbären, wie Dir Eule Xabi erklärt. Wie so oft ist Vorbeugung das beste Mittel. Denn eines steht fest: Solange die Bedingungen für Waschbären so gut sind, wird es sie immer in Städten und Dörfern geben.

Ein gutes Miteinander

Wer ein paar einfache, aber wichtige Regeln im Umgang mit den Stadtstreichern beachtet, kann Konflikten mit Waschbären relativ leicht und langfristig aus dem Weg gehen. Alles in allem darf das Grundstück für Wildtiere nicht einladend sein. Wenn Waschbären nicht finden, was sie suchen, werden sie irgendwann nicht mehr wiederkommen. Und was für Waschbären gilt, gilt im Übrigen auch für die meisten anderen Wildarten. So kannst Du Euer Grundstück „waschbärsicher" machen:

1. Nicht füttern! Die Tiere entwickeln sonst eine Erwartungshaltung und möchten immer wieder etwas haben. Wenn es um Futter geht, werden Wildtiere schnell zutraulich, können die Scheu vor Menschen sogar völlig verlieren und aufdringlich werden. Im Umgang mit wilden Tieren sollte man stets vorsichtig sein, denn die meisten können ordentlich zubeißen. Daher sollten Wildtiere am besten gar nicht erst angefasst oder angelockt werden.

2. Nichts Essbares liegen lassen! Die größte Nahrungsquelle für Wildtiere sind unsere Essensreste, die überall herumliegen: Unverschlossene Mülltonnen, Gelbe Säcke, Fallobst und Komposthaufen sind wahre Buffets für geschickte Bären. Auch Haustiere sollten ihr Futter nicht mehr draußen vor der Tür bekommen – Waschbären bedienen sich nämlich liebend gerne an Katzenfutternäpfen.

3. Eingänge verschließen! Gegen ungebetene Gäste im Haus hilft es, Auf- und Einstiegsmöglichkeiten für Waschbären zu verbauen. Spezielle Manschetten an Bäumen verhindern zum Beispiel, dass die Tiere aufs Dach gelangen. Auch begehrte Obstbäume können so geschützt werden. Wenn gar nichts hilft, gibt es mittlerweile sogar Firmen, die sich ein Haus aus Waschbärenperspektive anschauen und es durch verschiedene Tricks „waschbärensicher" machen. In einigen großen Städten gibt es auch Wildtierbeauftragte, an die man sich wenden kann, wenn man spezielle Fragen hat oder Hilfe braucht.

Waschbärenforschung

Aufgrund der sehr heimlichen und nachtaktiven Lebensweise wusste man in Europa lange Zeit recht wenig über Waschbären. Obwohl sie mittlerweile seit rund 100 Jahren bei uns leben, haben Forscher erst vor kurzer Zeit damit begonnen, die Art genauer zu untersuchen. Denn als die Tiere mehr und mehr die Nähe des Menschen aufsuchten, musste man sich plötzlich zwangsläufig mit dem Neubürger beschäftigen. Um mit einer Tierart richtig umgehen zu können, ist es ausgesprochen wichtig, ihre Lebensweise zu kennen, also ihre Biologie. Nur wenn wir wissen, wie sich die Tiere verhalten, wo sie leben und was sie fressen, können Mensch und Tier auch in der Stadt ohne größere Probleme zusammenleben.

Doch wie untersucht man ein scheues Waldtier, das sehr versteckt lebt und nur nachts unterwegs ist? Die Erforschung einer Tierart ist meist die Arbeit von uns Wildbiologen. Es gibt viele verschiedene Möglichkeiten, Informationen über eine bestimmte Tierart zu bekommen.

Mit Halsband und Ohrmarke

Damit Forscher von ihnen untersuchte Waschbären später wiedererkennen können, bekommt jeder Waschbär zwei Ohrmarken und einen Mikrochip unter die Haut. Manche Tiere erhalten zusätzlich spezielle Senderhalsbänder. Anhand dieses Senders können sie später immer wiedergefunden werden.

Berit Michler, Mitautorin dieses Buchs, untersucht einen narkotisierten, also betäubten Waschbären und notiert ihre Forschungsergebnisse

Aufgestöbert

Mithilfe der sogenannten Telemetrie können die Bewegungen der Tiere Tag und Nacht verfolgt werden. Das ist eine Technik, die sehr oft bei der Freilandforschung an Wildtieren eingesetzt wird. Der Sender im Halsband sendet ein Signal, das mittels einer Antenne geortet werden kann. Für größere Tierarten wurden mittlerweile sogar Halsbänder entwickelt, die automatisch anzeigen, wo sich das Tier gerade aufhält. Statt durch Regen und Wind zu stapfen, kann man die Bewegungen dann einfach am Bildschirm verfolgen – was für ein Fortschritt!

Links: Der gefangene Waschbär wird gewogen
Rechts: Wir lassen das Kerlchen wieder laufen

Meistens möchten wir etwas über die Größe des Lebensraumes herausfinden, über eventuelle Krankheiten, Beutetiere oder darüber, wie die Arten ihre Jungtiere großziehen. Einige unserer Tätigkeiten finden nur am Computer oder in einem Labor statt. Für andere Untersuchungen, beispielsweise zum Wanderverhalten oder zur Wahl des Schlafplatzes, müssen die Tiere gefangen und markiert werden. Zum Glück sind Waschbären extrem neugierig und lassen sich von menschlichem Geruch nicht abschrecken, sodass sie meist ohne Misstrauen in gestellte Fallen tappen.

Da sich ein Großteil der Aktivität von Waschbären im Dunkeln abspielt, müssen wir Waschbärenforscher ebenfalls nachts unterwegs sein. Bei uns wird also sprichwörtlich die Nacht zum Tag gemacht. Um gefangene Waschbären untersuchen zu können, müssen wir ihnen eine kurze Narkose geben. Damit stellen wir sicher, dass für die Tiere kein zu großer Stress entsteht. Während die maskierten Waldbewohner für kurze Zeit unter der Narkose schlafen, können wir Forscher uns die Tiere ganz genau anschauen, sie vermessen und wichtige Proben von beispielsweise Haaren, Blut und Speichel nehmen. Auch das Gewicht und der Zustand der Zähne werden überprüft.

Doch wir Biologen wollen natürlich nicht nur wissen, wo die Waschbären sich aufhalten. Anhand vieler verschiedener Techniken lässt sich deutlich mehr über die nachtaktiven Kleinbären herausfinden. Es ist möglich, eine große Gruppe von Tieren über mehrere Jahre hinweg zu beobachten und so Informationen über ihr Verhalten zu bekommen. Über Waschbären wissen wir aufgrund mehrerer Forschungsprojekte in Deutschland mittlerweile schon recht viel. Wir kennen ihre Streifgebiete, ihren Speiseplan, ihr Familienleben, ihre Schlafplätze und vieles mehr aus dem Waschbärenalltag.

Abgelichtet

Um etwas über Tiere zu erfahren, ohne sie direkt zu fangen oder zu beobachten, sind Fotofallen eine bewährte Methode. Die Kameras werden an gut geeigneten Plätzen in der Natur aufgestellt und schießen automatisch ein Foto, wenn sich etwas vor der Kamera bewegt. So lässt sich beispielsweise zählen, wie viele verschiedene Tiere in einem bestimmten Gebiet leben.

Gekommen, um zu bleiben

Tierische Zuwanderer haben in der Regel keinen guten Ruf, ob sie von alleine hergekommen sind oder durch den Menschen. Denn einige wenige gebietsfremde Arten können in ihrer neuen Heimat schlechte Auswirkungen haben. Das bedeutet, dass vielleicht bedrohte und darum geschützte Tierarten auf ihrem Speiseplan stehen oder dass sie größer und stärker sind und andere Arten aus ihren Lebensräumen verdrängen. Das ist aber nur selten der Fall. Meistens haben sich die Neuankömmlinge gut eingelebt und stellen kein Problem für die Natur dar.

Waschbären haben in Deutschland längst ein neues Zuhause gefunden

Als Allesfresser erbeutet der Waschbär ab und zu auch einmal einen Singvogel

Die Einbürgerung des Waschbären in Deutschland war kein Zufall, sondern eine bewusste Entscheidung. Oft werden Tiere in ein fremdes Land geholt, ohne sich vorher Gedanken darüber zu machen, dass dies auch unerwünschte Folgen haben könnte. Irgendwann möchte man die Art dann plötzlich doch nicht mehr haben, und es heißt: „Die gehört ja eigentlich gar nicht hierher!“ Doch für eine „Rückrufaktion“ ist es mittlerweile viel zu spät, denn Waschbären haben sich bereits fest bei uns eingerichtet.

Obwohl sie schon so lange bei uns leben, werden sie von einigen als Bedrohung für unsere Natur angesehen, da sie auch einige heimische Tiere wie Vögel und Frösche fressen. Doch wie Du schon gelesen hast, sind Waschbären Allesfresser und haben sich nicht auf eine bestimmte Beute spezialisiert. Daher sind sie auch keine Konkurrenz für andere Waldbewohner. Dort, wo Waschbären leben, gibt es nicht weniger Arten als anderswo, und die maskierten Bären haben auch keine andere Art ausgerottet oder aus ihrem Lebensraum verdrängt. Gerade weil sie so viele unterschiedliche Dinge fressen, wird das wahrscheinlich in Deutschland auch nicht passieren.

Das heißt aber nicht, dass Waschbären nicht mitunter auch Probleme verursachen könnten. Gerade im Bereich der Stadt richten die frechen Kleinbären manchmal große Schäden an. Wir müssen uns daher um ein gutes Miteinander bemühen. Wie das geht, hast Du ja bereits erfahren.

Für den einen sind Waschbären putzige Bärchen, für den anderen lästige Obstdiebe – oder beides zugleich. Waschbären haben eben wirklich viele Gesichter. Doch ob wir sie mögen oder nicht, eines ist sicher: Sie sind gekommen, um zu bleiben – und gehen nicht mehr weg.

Der Uhu hat einen jungen Waschbären erbeutet

Feinde und Gefahren

Im Zoo können Waschbären zwar ein Alter von über 15 Jahren erreichen, in der freien Natur werden die meisten aber nur wenige Jahre alt. Denn auf die Bärchen lauern viele Gefahren. Während sich die Jungtiere schon mal vor Fuchs, Uhu, Seeadler und Marderhund in Acht nehmen müssen, können bei den Erwachsenen größere Raubtiere wie Wolf und Luchs, aber vor allem auch Hunde zur Gefahr werden. Doch die schlimmsten Feinde sind nicht etwa groß, sondern winzig klein: An Krankheiten und Parasiten sterben jährlich unzählige Waschbären. Auch Verkehrsunfälle kommen sehr häufig vor: Gerade wenn die jungen Rüden auf Wanderschaft gehen, werden sie oft überfahren.

Unter Beobachtung

Wie Du schon weißt, gab es den Waschbären früher bei uns in Europa nicht. Wenn eine Art neu in ein Gebiet kommt, hat das natürlich Auswirkungen, die mal mehr, mal weniger stark sein können. Als Allesfresser ernährt sich der Waschbär von vielen verschiedenen Pflanzenteilen und Tieren, darunter zeitweise auch zum Beispiel Frösche oder Vögel.
Bislang konnte noch nicht festgestellt werden, ob dies langfristig negative Auswirkungen hat, vor allem auf bedrohte Arten. In bestimmten Regionen kann es aber für einzelne Arten zum Problem werden, wenn viele Exemplare davon auf einmal gefressen werden. Denn was dem Waschbären schmeckt, steht auch bei vielen anderen Tieren auf dem Speiseplan. Einige Arten müssen also zukünftig mit immer mehr Fressfeinden zurechtkommen. Deswegen ist es wichtig zu schauen, wie sich das Fressverhalten des Waschbären mit der Zeit entwickelt.

Manchmal hat's auch ein Bärchen eilig

Auf und davon – eine tierische Spitzenleistung

Die Bewohner der niedersächsischen Gemeinde Oerel bei Bremervörde staunten nicht schlecht, als der kleine maskierte Unbekannte erstmals bei ihnen auftauchte. Noch nie zuvor waren in dieser Region Waschbären gesichtet worden.

Drei Monate zuvor erhielten die Mitarbeiter des „Projekt Waschbär“ im Müritz-Nationalpark das letzte Funksignal von einem ihrer besenderten Waschbären, bevor sich der nachtaktive Minipetz auf die lange Reise machte. 112 Tage lang wanderte er in Richtung Westen, bis er sich schließlich im 285 Kilometer Luftlinie entfernten Oerel im Bundesland Niedersachsen einfand, wo er von einem Jäger gefangen und erlegt wurde.

Mit diesem Weg hatte der Kleinbär allerdings einen neuen Weltrekord aufgestellt – es ist die längste Abwanderungsstrecke, die je für diese Tierart nachgewiesen werden konnte. Wie Du weißt, wandern junge Rüden im Gegensatz zu Fähen aus ihrem Gebiet ab – bislang war jedoch völlig unklar, wie diese Abwanderung im Einzelnen passiert und vor allem, um welche Entfernungen es sich dabei handelt. Da die Rüden während ihrer Reise durchschnittliche Strecken von acht bis zehn Kilometern pro Nacht laufen, ist davon auszugehen, dass der Rekordhalter während seiner Abwanderung insgesamt über 800 Kilometer zurückgelegt hat. Ob der Waschbär vielleicht sogar noch weiter gewandert wäre, bleibt unklar – fest steht aber, dass es sich hierbei um eine enorme Leistung aus dem Tierreich handelt.

Berit Michler hat gerade den Waschbären markiert, der später alle Wanderrekorde brechen sollte

NEWS

Der Wander-Waschbär

Auf der Partnersuche rund 800 Kilometer zurückgelegt

Goldenbaum/Bremen – Ein Waschbär aus dem Müritz-Nationalpark in Mecklenburg-Vorpommern ist fast 300 Kilometer Luftlinie weit gewandert. Das sei die längste Wanderung weltweit, die bisher dokumentiert wurde, sagte der Leiter des Forschungsprojekts „Waschbär", Frank-Uwe Michler.

Das Tier war bei Goldenbaum mit einer Ohrmarke und einem Sender versehen worden und auf der Suche nach einer Partnerin. „Der elf Monate alte Rüde wurde in Oerel bei Bremen gefangen, 285 Kilometer weiter." Bisher habe der Streckenrekord bei 95 Kilometern Luftlinie gelegen, sagte Michler. Dieses Tier sei dann allerdings überfahren worden. Das Projekt zur Überwachung der Tiere läuft seit 2006.

Herr Waschbär ist auf der Suche nach einer Frau. DPA

Bei seinem „Rekordmarsch" ist der Waschbär Michler zufolge vermutlich insgesamt rund 800 Kilometer umhergelaufen. „Männchen sind reproduktionsorientiert. Sie wandern immer weiter, um ein geeignetes Weibchen zu finden", erklärte der Experte von der Gesellschaft für Wildökologie und Naturschutz.

Jährlich gingen vom Müritz-Nationalpark aus etwa 500 Waschbärrüden auf Wanderschaft. „Sie schwärmen in alle Himmelsrichtungen aus", beschrieb Michler das Phänomen. dpa

Die Nachricht von dem Strecken-Weltrekordler ging damals durch die Zeitungen

So weit die Pfoten tragen

Ein junger Waschbär stellt auf der Suche nach einem Weibchen einen Streckenweltrekord auf

Von Pia Heinemann

285 Kilometer sind zu Fuß eine ganz schön weite Strecke. Selbst für geübte Wanderer, aber auch für einen Waschbären. Offenbar wachsen Kleinsäuger jedoch über sich hinaus, sobald sie Frau und Freiheit suchen. Waschbär Nummer 5002 hat nun den Wanderrekord für Kleinbären mit der markanten Zorro-Maske aufgestellt. Er lief vom Müritz-Nationalpark nach Bremen.

Dank seiner Nummer, Ohrmarken und eines UKW-Senderhalsbands konnten ihn die Biologen Frank-Uwe Michler und Berit Annika Köhnemann identifizieren. Sie hatten ihn mit Hightech ausgestattet, um mehr über Waschbären zu erfahren.

„Der elf Monate alte Rüde wurde in Oerel bei Bremen gefangen, 285 Kilometer weiter westlich", erzählt Michler. Bisher habe der Streckenrekord bei 95 Kilometer Luftlinie gelegen. Dieses Tier sei allerdings bei dieser Marke überfahren worden. Für Waschbärenmännchen kein ungewöhnliches Ende. Denn sobald sie erwachsen genug sind, um ihre Mutter zu verlassen, suchen sie schnurstracks das Weite. Weder Straßen noch Siedlungen, Äcker, Bahngleise oder Flüsse halten sie auf. Sie haben ein Ziel: ein eigenes Revier – und ein passendes Weibchen.

Der lange Marsch von Nummer 5002 ins eigene Leben war offenbar sogar noch länger, als auf den ersten Blick gedacht: Michler glaubt, dass der Kleinbär seit seinem Aufbruch im Herbst 2006 rund 800 Kilometer durch die Gegend gestromert ist.

Jährlich wandern vom Müritz-Nationalpark aus etwa 500 Waschbärenmännchen quer durch Deutschland. Das in Oerel gefangene Männchen sei so weit westlich gefunden worden wie kaum ein Waschbär zuvor in Deutschland. „Bei den Weibchen ist das anders, diese laufen nicht weiter als nötig", sagt Michler.

Irgendwann versiegt der Wanderdrang der Männchen. Sind Revier und Weibchen gefunden, widmen sie sich ganz dem Fressen und der Reproduktion.

Im Haus gehaltene Waschbären stellen allerhand Unsinn an

Extra: Haustier oder Raubtier?

Jedes Jahr im Sommer werden unzählige junge Waschbären gefunden und als scheinbare Waisenkinder mit nach Hause genommen. Die kleinen Fellknäule können sehr zutraulich sein und wecken sofort jeden Beschützerinstinkt.

Doch längst nicht alle gefundenen Jungtiere haben auch wirklich ihre Mutter verloren. Wie Du im Kapitel über die kleinen Banditen schon erfahren hast, lässt die Mutter ihre Jungtiere öfter auch mal längere Zeit alleine, damit sie ungestört auf Nahrungssuche gehen kann. Da passiert es schon mal, dass die Kleinen nicht im Versteck bleiben, sondern alleine auf Entdeckungsreise gehen. Dabei laufen sie dann auch mal Menschen vor die Füße oder werden „mutterseelenallein" irgendwo entdeckt.

Solange die Mutter noch in der Nähe ist, wird sie ihre Jungen immer eifrig suchen und auch wiederfinden. Daher ist es am besten, die kleinen Bären an Ort und Stelle zu lassen. Meistens holt die Mutter sie bei Anbruch der Dämmerung wieder ab.

Nicht mehr wildnistauglich

In den allermeisten Fällen können von Hand aufgezogene Waschbären später nicht wieder freigelassen werden. Das wäre so, als wenn Du plötzlich ganz alleine und ohne Stadtplan mitten in der Großstadt eines fremden Landes stehen würdest. Daher ist eine Aufzucht auch grundsätzlich nicht die erste Wahl. Oft landen die Tiere später im Tierheim oder werden einfach irgendwo ausgesetzt. Damit tut man niemandem einen Gefallen, und außerdem ist das verboten.

Die Aufzucht mit der Flasche darf nur der letzte Ausweg sein - auch wenn die Bärchen Beschützerinstinkte wecken ...

Die Jungtiere können auch die Nacht über in einen Karton gelegt werden – der menschliche Geruch stört die Mutter nicht. Den meisten Tierfreunden fällt es schwer, kleine Wildtiere zurückzulassen, da sie so hilflos aussehen und man sie am liebsten gleich mitnehmen möchte. Aber für die Kleinen ist es natürlich am besten, wenn sie bei der Mutter bleiben können.

Wenn sie allerdings am nächsten Tag immer noch da sind, kann es gut sein, dass der Mutter tatsächlich etwas zugestoßen ist. Dann ist es ratsam, die Waschbärenjungen zu einer Auffangstation für Wildtiere zu bringen oder den örtlichen Tierschutzverein um Hilfe zu bitten. Die Tiere können dann an ein Gehege oder eine private Aufzucht vermittelt werden. Denn Waschbären großzuziehen, ist eine schwierige und sehr verantwortungsvolle Aufgabe und erfordert neben aufwendigen Gehegen viel Zeit, Mühe und Wissen. Eine Wohnung ist natürlich keinesfalls der richtige Lebensraum für solch ein Wildtier. Deswegen braucht man in Deutschland für die Haltung von Waschbären eine spezielle Genehmigung und muss nachweisen, dass man sie artgerecht unterbringen und versorgen kann. Oft sind die Halter von Waschbären mit ihren kleinen Raubtieren aber schnell überfordert.

Keine Kuscheltiere

Intelligente Tiere wie der Waschbär haben spezielle Bedürfnisse und sollten nicht als Haustiere gehalten werden. Nicht vergessen: Waschbären sind nachtaktiv. Anfangs weichen einem die putzigen Tierchen nicht von der Seite. Später, wenn sie geschlechtsreif sind, können sie aber sehr aggressiv werden, und man erkennt seinen kleinen Liebling nicht mehr wieder. Waschbären lassen sich auch mit sehr viel Geduld und gutem Willen nicht erziehen und werden nie so zahm, wie Du das von Hauskatzen und Hunden her kennst.

Bärenmama

Gabi Müller lebt gemeinsam mit 14 Waschbären in Berlin und weiß ganz genau, was es heißt, sich auf diese Tierart einzulassen. Was mit einem Waisen-Jungtier begonnen hat, ist mit der Zeit praktisch zum Beruf geworden. Es gibt wahrscheinlich kaum sonst jemand, der so viel Erfahrung mit der Aufzucht der Kleinbären hat. Dabei leistet sie wertvolle Arbeit bei der Weitervermittlung verwaister Jungtiere und bei der Öffentlichkeitsarbeit. Ihre Bären sind in zahlreichen Bildbänden und Filmdokumentationen zu sehen. Trotzdem ist sie der Meinung, dass die Tiere grundsätzlich keine Haustiere sind. Allen, die Waschbären zu Hause halten wollen, bietet sie einen Besuch ihrer pelzigen Rabauken an. Danach würden die meisten ihre Meinung garantiert ändern ...

Großes Waschbären-Quiz

Du hast in diesem Buch eine Menge über Waschbären erfahren. Als kleine Expertin oder kleiner Experte kannst Du Deinen Freunden und Deiner Familie viel Spannendes erzählen! Hast Du Lust, im folgenden Quiz dein Wissen zu testen? Kreuze bei jeder Frage diejenige Antwort mit Bleistift an, die Du für richtig hälst. Manchmal stimmen auch mehrere Antworten. Auf Seite 64 findest Du die Auflösung. Viel Spaß!

1. Woher stammt der Waschbär ursprünglich?

a) Asien ❍
b) Amerika ❍
c) Australien ❍

2. Zu welcher Familie gehört der Waschbär?

a) Zu den Kleinbären ❍
b) Zu den Mardern ❍
c) Zu den Großbären ❍

3. Was ist der Koalabär?

a) Ein Bär ❍
b) Ein Affe ❍
c) Ein Beuteltier ❍

4. Was sind Waschbärenbabys bei der Geburt?

a) Stumm und blind ❍
b) Taub und stumm ❍
c) Blind und taub ❍

5. Wie viele Waschbären leben ungefähr in Deutschland?

a) 1 000 ❍
b) 100 000 ❍
c) über eine Million ❍

6. Warum heißt der Waschbär Waschbär?

a) Weil er sich so häufig wäscht .... ❍
b) Weil es so aussieht, als würde er sein Futter waschen .... ❍
c) Weil er von den Indianern zum Waschen ihrer Felle gehalten wurde .... ❍

7. Wer kann dem Waschbären gefährlich werden?

a) Wolf .... ❍
b) Rothirsch .... ❍
c) Kranich .... ❍

8. Zu welcher Kategorie gehört der Waschbär?

a) Pflanzenfresser .... ❍
b) Fleischfresser .... ❍
c) Allesfresser .... ❍

9. Was kann man tun, damit Waschbären nicht auf das Grundstück kommen?

a) Kein Futter herumliegen lassen .... ❍
b) Laut Musik anmachen .... ❍
c) Waschbären tun so etwas nicht, sie sind zu scheu dafür .... ❍

10. Womit suchen Waschbären ihre Nahrung?

a) Vor allem mit den Ohren .... ❍
b) Vor allem mit den Vorderpfoten .... ❍
c) Vor allem mit den Augen .... ❍

11. Wie viele Schlafplätze lernt ein erwachsener Waschbär während seines Lebens kennen?

a) Nur einen .... ❍
b) Zwischen 10 und 50 .... ❍
c) Mehrere hundert .... ❍

12. Was bedeutet der indianische Name „aroughcun"?

a) Der mit den Händen kratzt .... ❍
b) Der die Früchte stiehlt .... ❍
c) Der am Fluss fischt .... ❍

13. Warum kommen viele Waschbären in die Städte?

a) Weil es dort wärmer ist .... ❍
b) Weil es dort mehr Futter gibt .... ❍
c) Weil im Wald kein Platz mehr ist ... ❍

14. Mit wem kann man den Waschbären am ehesten verwechseln?

a) Mit dem Marderhund .... ❍
b) Mit dem Fischotter .... ❍
c) Mit dem Braunbären .... ❍

15. Warum hat man den Waschbären ursprünglich nach Deutschland gebracht?

a) Wegen seines Fells .... ❍
b) Als Zirkustier .... ❍
c) Weil die Menschen ihn so niedlich fanden .... ❍

16. Welchen anderen Vertreter der Kleinbären kannst Du bei uns des Öfteren im Zoo sehen?

a) Makibär .... ❍
b) Nasenbär .... ❍
c) Olinguito .... ❍

17. Welches Tier stammt ursprünglich auch nicht aus Deutschland?

a) Eichhörnchen .... ❍
b) Dachs .... ❍
c) Kaninchen .... ❍

18. Wie weit kann ein Waschbär in einer Nacht laufen, um an Futter zu kommen?

a) Einen Kilometer .... ❍
b) 20 Kilometer .... ❍
c) 100 Kilometer .... ❍

19. Wie viele Jungtiere bekommen Waschbären pro Wurf?

a) nur eines .... ❍
b) zwei bis vier .... ❍
c) über zehn .... ❍

20. Wie viele Finger hat der Waschbär an seinen Vorderpfoten?

a) drei .... ❍
b) vier .... ❍
c) fünf .... ❍

Lösungen zum Waschbären-Quiz:

1) b: Die ursprüngliche Heimat des Waschbären ist Amerika.
2) a: Waschbären gehören zur Familie der Kleinbären, einer Raubtierfamilie.
3) c: Koalabären sind Beuteltiere und nicht im Geringsten mit den Bären verwandt.
4) c: Waschbärenbabys kommen blind und taub zur Welt. Augen und Ohren öffnen sich erst nach ungefähr drei Wochen.
5) c: Derzeit leben in Deutschland über eine Million Waschbären.
6) b: Waschbären tasten im Wasser nach ihrer Nahrung – das sieht aus, als würden sie diese waschen.
7) a: Große Raubtiere wie der Wolf können dem Waschbären durchaus gefährlich werden.
8) c: Waschbären sind Allesfresser und nehmen immer das, was leicht zu bekommen und in großen Mengen vorhanden ist.
9) a: Um Wildtiere und insbesondere Waschbären vom Grundstück fernzuhalten, ist es wichtig, dass man kein Futter herumliegen lässt. Sonst werden die Tiere davon angelockt.
10) b: Waschbären suchen und finden ihre Nahrung vor allem mithilfe ihrer hochsensiblen Vorderpfoten. Mit ihnen können sie winzig kleine Gegenstände ertasten und festhalten.
11) c: Da Waschbären in der Regel jeden Tag woanders schlafen, lernt ein erwachsenes Tier im Lauf seines Lebens mehrere hundert Schlafplätze kennen.
12) a: Algonkin-Indianer gaben dem Waschbären den Namen „Der mit den Händen kratzt".
13) b: Waschbären und viele andere Wildtiere kommen in die Städte, da es dort viel mehr Nahrung für sie gibt. Die Menschen lassen ihre Essensreste überall herumliegen.
14) a: Häufig wird der Waschbär mit dem Marderhund verwechselt, da sich beide Arten ähnlich sehen und beide eine Gesichtsmaske tragen. Das ist aber auch die einzige Gemeinsamkeit. Marderhunde gehören nämlich zu den Hunden.
15) a: Waschbären wurden Anfang des 20. Jahrhunderts wegen ihres wertvollen Pelzes nach Deutschland gebracht und dort in Pelztierfarmen gezüchtet.
16) b: Neben dem Waschbären siehst Du eigentlich nur den Nasenbären häufiger in Zoos.
17) c: Auch wenn man es nicht denkt – Kaninchen stammen ursprünglich gar nicht von hier, sondern wurden im 12. Jahrhundert von Südwesteuropa in andere europäische Länder gebracht, erst in der frühen Neuzeit nach Deutschland.
18) b: Wenn eine leckere Mahlzeit lockt, können Waschbären in der Nacht bis zu 20 Kilometer weit laufen.
19) b: Waschbärweibchen bekommen in der Regel zwei bis vier Jungtiere. Größere Würfe mit fünf bis sechs Jungen kommen aber auch vor.
20) c: Die Vorderpfoten des Waschbären haben fünf Finger und sehen aus wie eine kleine Kinderhand.

Entdecke die Reihe mit der Eule!

Entdecke die Eulen

Entdecke die Greifvögel

Entdecke die Geier

Entdecke die Rabenvögel

Entdecke die Spechte

Entdecke die Finken

Entdecke die Spatzen

Entdecke die Eisvögel

Entdecke die Zugvögel

Entdecke die Singvögel

Entdecke die Meisen

Entdecke die Kraniche

Entdecke die Störche

Entdecke Schwäne, Gänse & Enten

Entdecke die Möwen

Entdecke die Pinguine

Entdecke die Papageien

Entdecke die Kolibris

Entdecke die Fledermäuse

Entdecke die Hunde

Entdecke die Schafe

Entdecke die Ziegen

Entdecke die Kühe

Entdecke die Pferde

Entdecke die Esel

Entdecke die Igel

Entdecke die Maulwürfe

Entdecke die Waschbären

Entdecke die Biber

Entdecke die Otter

Entdecke heimische Wildtiere

Entdecke die Wölfe

Entdecke die Bären

Entdecke die Tiger

Entdecke die Menschenaffen

Entdecke Affen und Lemuren

Entdecke die Hyänen

Entdecke die Pandas

Entdecke die Elefanten

Entdecke die Nashörner

Entdecke die Giraffen

Entdecke die Antilopen

Natur und Tier - Verlag GmbH
An der Kleimannbrücke 39/41 · 48157 Münster

Telefon: 0251 - 13339-0 · Fax: 0251 - 13339-33
E-Mail: verlag@ms-verlag.de · www.ms-verlag.de